Made in the USA
Columbia, SC
23 April 2024

34801032R00067